Inhalt

Antibiotika - Resistenzen nehmen zu, Kliniken warten auf Erfolg der Pharmaforscher

Kernthesen

Beitrag

Fallbeispiele

Zahlen und Fakten

Weiterführende Literatur

Impressum

Antibiotika - Resistenzen nehmen zu, Kliniken warten auf Erfolg der Pharmaforscher

Anja Schneider

Kernthesen

- In Krankenhäusern und Intensivstationen breiten sich zunehmend Erreger aus, die gegen einzelne oder mehrere Antibiotika resistent bzw. multiresistent sind.
- Die Pharmaforschung arbeitet zwar an neuen Antibiotika, doch Erfolge stellen sich zögerlich ein.
- Die Resistenzen sind zu einem großen Teil auf einen unangemessenen Einsatz in der

Human- und Tiermedizin zurückzuführen.
- Als Musterbeispiel in der Keimbekämpfung gelten die Niederlande.
- Die EU-Kommission stellte kürzlich einen "Aktionsplan zur Abwehr der steigenden Gefahr der Antibiotikaresistenz" vor.

Beitrag

Intensivstationen kämpfen gegen multiresistente Erreger, herkömmliche Antibiotika zunehmend unwirksam

In deutschen Krankenhäusern und Intensivstationen breiten sich in zunehmendem Maße Erreger aus, die gegen einzelne oder gar mehrere herkömmliche Antibiotika resistent oder multiresistent sind. Immer wieder tauchen neue mehrfach resistente Bakterien auf, gegen die die Kliniken keine wirksamen medizinischen Waffen haben oder auf Reservemittel zurückgreifen müssen. Auch in anderen europäischen Ländern wird gegen dieses Problem gekämpft.

Das Robert-Koch-Institut hat 127 Infektionserreger nach ihrer Bedeutung für die epidemiologische

Forschung und Überwachung priorisiert. Ergebnis der Bewertung ist eine Einteilung der Erreger in vier Prioritätsgruppen. Die Gruppe mit der höchsten Priorität umfasst 26 Erreger, darunter HIV, Influenza, Tuberkulose, Klebsiella oder Staphylococcus aureus (einschließlich der multiresistenten S. aureus, MRSA), Helicobacter pylori oder das Respiratorische Synzytial Virus (RSV). (1)

Die im vergangenen Jahr in Bremen verstorbenen Neugeborenen waren mit dem Bakterium Klebsiella pneumoniae infiziert, ein längst bekannter Erreger. Ebenfalls gut bekannt sind Escherichia und Salmonella. Häufig im Krankenhaus übertragen werden Staphylococcus aureus und der multiresistente S. aureus (MRSA). So treten auf Intensivstationen pro 1 000 Patiententagen rund vier Infektionen mit den MRSA-Keimen vor. Weniger bekannt sind die Escherichia-coli-Stämme. Doch gerade diese verzeichnen einen enormen Anstieg. So stiegen Infektionen mit 3GC-Escherichia coli in den Jahren 2001 bis 2008 von 0,16 auf 1,39 pro 1 000 Patiententagen. Dieses Bakterium ist sogar gegen moderne Breitband-Antibiotika resistent. Auch das Tuberkulosebakterium ist zunehmend gegen mehrere Antibiotika resistent und breitet sich in den vergangenen Jahren wieder stärker aus. (2)

Die heute gängigen Antibiotika greifen oft nicht, neue Antibiotika fehlen, immer wieder müssen Klinikärzte auf alte Medikamente zurückgreifen, die teils starke Nebenwirkungen haben. Eine Ursache für das zunehmende Resistenzproblem liegt im ambulanten Bereich, auf den in Deutschland 85 bis 90 Prozent des Antibiotikaverbrauchs entfallen. Problematisch ist auch der zunehmende Einsatz von breit wirksamen Antibiotika, die als Reserveantibiotika gelten und nur möglichst selten verwendet werden sollten. So verdoppelte sich beispielsweise der Verbrauch an Carbapenemen, die als letztes Mittel gegen multiresistente Erreger gelten. 15 bis 50 Prozent der Klebsiellen sind in einigen EU-Staaten bereits gegen Carbapeneme resistent. Infektionsexperten warnen bereits, dass Daten aus Griechenland und der Türkei darauf schließen lassen, dass auch gegen diese Antibiotika bald Resistenzen auftauchen werden. Kritisiert wird auch die zunehmende Verschreibung von Breitbandantibiotika wie Cephalosporine und Fluorchinolone. Deren Einsatz müsse dringend reduziert werden. Für rasche globale Verbreitung von hochresistenten Erregern sorgen die Reisenden. Beispielsweise wurden 2010 innerhalb weniger Wochen Enterobacteriaceen von Indien, Pakistan und Bangladesch in andere asiatische Länder, nach Europa, die USA und Australien eingeschleppt. Gleichzeitig werden Zusammenhänge zwischen Antibiotikaresistenzen beim Menschen und dem Einsatz von Antibiotika in der Nutztierhaltung gesehen. Daher wird in Deutschland künftig die

Möglichkeit zur Umwidmung von Antibiotika, die in der Humanmedizin als besonders bedeutend eingeschätzt werden, drastisch eingeschränkt werden. (1), (3), (4), (5), (6), (22)

Pharmaforscher suchen nach neuen Antibiotika

Die forschenden Pharmaunternehmen arbeiten daran, neuartige Antibiotika zu entwickeln. Im laufenden Jahr sollen mehr als 20 neue Medikamente in Deutschland auf den Markt gebracht werden, darunter immerhin drei neue Antibiotika, die Bakterien bekämpfen sollen, die gegen ältere Mittel resistent oder von jeher schwer zu therapieren sind. Unter den rund 35 Arzneimitteln, die sich im europäischen Zulassungsverfahren befinden, sind zwei neue Antibiotika. Das ist nicht genug, kritisierten Gesundheitsexperten auf dem dritten World Health Summit in Berlin Ende vergangenen Jahres. Die Entwicklung neuer Antibiotika stellt hohe Anforderungen an die forschenden Pharmaunternehmen: Zum einen ist sie eine fachliche Herausforderung, zum anderen eine wirtschaftliche. Denn die Entwicklung ist langwierig, die Kosten sind hoch, die Ertragsaussichten hingegen gering, weil diese neuen Präparate so selten wie möglich als Reservemittel zum Einsatz kommen sollen. Patienten mit von jeher schwer therapierbaren Infektionen wie Pseudomonas-Befall der Lunge, Spät-Borreliose oder Buruli-Ulcus warten auf erste gut wirksame Mittel. Die Forscher werfen dazu auch intensive Blicke ins Pflanzenreich. Dort gibt es eine Vielfalt von Bakterien, Pilzen, Viren und Schädlingen, und die Pflanzen haben ihre eigenen Methoden und Wirkstoffe, um sie Schachmatt zu setzen. Forscher arbeiten beispielsweise in der synthetischen Biologie daran, so genannte Lantibiotika künstlich herzustellen. Auf diesem Weg sollen neuartige Antibiotika gefunden werden, die in der Humanmedizin eingesetzt werden können. (7), (8), (6), (9), (10)

Weitere Lösungsansätze und Vorsorgestrategien

Was kann jenseits der Pharmaforschung getan werden, um die Situation zu entschärfen?

Erstens: Ärzte in der Tier- und Humanmedizin sind zu einem verantwortungsvollen Umgang mit Antibiotika aufgerufen. Bei der Krankheitsdiagnose muss sorgfältig zwischen Viren und Bakterien als Auslöser unterschieden werden, unnötige Antibiotikabehandlungen gilt es zu vermeiden. Notwendige Antibiotika müssen korrekt ausgewählt werden und in der richtigen Dosierung und angemessenen Dauer eingenommen werden. (11), (22)

Zweitens: Auch die Patienten selbst sind gefragt. Sie sind aufgefordert, sich an die Anweisungen zur Einnahme zu halten und die Therapie nicht zu früh abzubrechen, wenn sich die Symptome bessern.

Drittens: Vorbeugung ist ein wichtiger Maßnahmenkomplex. Hygienemaßnahmen (Händewaschen, Nasen-Mundschutz, Handschuhe) müssen verantwortungsbewusst und unermüdlich eingehalten werden. Dies richtet sich an Ärzte, Pflegepersonal, sonstiges Klinik- und Praxispersonal und auch an die Privatleute zu Hause. Experten warnen vor fortgesetztem Abbau von Klinikpersonal und weisen auf die hohe Bedeutung von gut geschulten Pflegekräften hin. Die Aktion Saubere Hände greift nur bei geschultem Personal. Weiter gehen Experten, die das aktive Patientenscreening wie zum Beispiel eine Eingangsuntersuchung bestimmter Patientengruppen oder die Untersuchung von Kontaktpatienten empfehlen. (12), (13), (22)

Viertens: Die akademische Forschung an neuartigen Antibiotika soll gefördert werden. In Deutschland arbeiten beispielsweise das Helmholtz-Institut für Infektionskrankheiten in Braunschweig, das Max-Planck-Institut für Infektionsbiologie in Berlin in der Grundlagenforschung. Pharmafirmen, Grundlagenforscher und Gesundheits-Institutionen arbeiten verstärkt zusammen. Ein Programm zur

Erforschung neuer Antibiotika hat die Innovative Medicines Initiativ (IMI) aufgesetzt, eine Public-Private-Partnership, die zu gleichen Zeilen von der EU und der forschenden Pharmaindustrie finanziert wird. Besserer Datenaustausch soll Doppelarbeit vermindern, neuen Präparaten können Finanzhilfen gegeben werden. (12), (22)

Fünftens: Fortschritte in der Diagnosetechnik können helfen, bereits kleinste Mengen an Bakterien schnell, einfach und sicher zu erkennen. Dazu arbeiten Forscher und Entwickler an leistungsfähigen mikrobiellen Testverfahren. Ein Beispiel ist die Isotherme Mikrokalorimetrie (IMC); sie funktioniert über Wärmeabgabe, ermöglicht Diagnose und Wirktests zugleich, das heißt Antibiotika können gegeben und ihre Wirkung beobachtet werden. (15)

Ein Blick über die Grenzen könnte Wege aufzeigen

Andere europäische Länder sind in der Infektionsbekämpfung deutlich weiter als Deutschland. In Dänemark ist die MRSA-Infektionsrate wesentlich niedriger als in Deutschland. In Schweden werden Reserveantibiotika deutlich seltener eingesetzt und prompt ist die Resistenzsituation besser als in Deutschland. Als

Musterbeispiel in der Infektionsbekämpfung gilt Holland. Seit den achtziger Jahren werden Hygienestandards konsequent umgesetzt, Risikopatienten strikt isoliert und besiedelte Patienten auch außerhalb der Kliniken weiterverfolgt. Risikopatienten sind beispielsweise Schweinebauern und Patienten, die in ausländischen Kliniken vorbehandelt wurden. Sie werden strikt isoliert bis nachgewiesen ist, dass sie nicht infiziert sind. Mit diesen Maßnahmen gelang es unserem Nachbarland, im stationären Bereich eine deutlich geringere Infektionsrate mit MRSA zu haben als Deutschland. Es lohnt sich also, gemeinsame Initiativen und Projekte ins Leben zu rufen. Ein Beispiel ist das EurSafety Health-net. Diese Initiative zielt darauf ab, im deutsch-holländischen Grenzgebiet ein euregionales Netzwerk für Patientensicherheit und Infektionsschutz aufzubauen (www.eursafety.eu). In Skandinavien und den Niederlanden gibt es eine besonders hohe Zahl ausgebildeter Fachleute für Hygiene. Ein Blick über die Grenzen und grenzüberschreitende Kooperationen, könnten im Kampf gegen ein globales Problem also durchaus neue Wege aufzeigen. (5), (14), (4), (22)

Trends

Die Risiken einer Ausbreitung der

Antibiotikaresistenz durch den internationalen Transport- und Reiseverkehr sowie über die Umwelt sind ein globales Problem und erfordern ein internationales Vorgehen. Erst im November stellte deshalb die EU-Kommission einen "Aktionsplan zur Abwehr der steigenden Gefahr der Antibiotikaresistenz" vor, dem der Bundesrat in seiner Sitzung am

10. Februar 2012 mehrheitlich zugestimmt hat. Der Aktionsplan sieht

die Notwendigkeit erheblicher Maßnahmenverschärfungen und neuer entschlossener Initiativen auf Grundlage eines ganzheitlichen Konzepts im Kampf gegen Antibiotikaresistenzen. Betroffen sind unterschiedliche Bereiche von Human- und Veterinärmedizin über Tierhaltung und Landwirtschaft sowie Umwelt und Handel. (22), (23)

Fallbeispiele

Niedersachsen:

Nach Angaben der Techniker Krankenkasse (TK) werden in Niedersachsen besonders häufig Antibiotika verordnet. 2010 lag Niedersachsen um zehn Prozent über dem Bundesdurchschnitt. (16)

Bremen:

Nach dem Skandal um den Tod der Säuglinge im vergangenen Jahr werden die Hygieneregeln in Bremer Kliniken geprüft und verschärft. Bremens Gesundheitssenatorin hat dazu ein Landesaktionsprogramm Krankenhaushygiene aufgesetzt. Es beinhaltet unter anderem systematische Hygieneaudits. (17)

Köln:

Die Kassenärztliche Vereinigung und die Krankenkassen haben eine Patienteninformation zum zurückhaltenden Einsatz von Antibiotika entwickelt. Diese sollen die niedergelassenen Ärzte an ihre Patienten verteilen. (18)

Tierzucht:

Die zunehmende Entwicklung von Resistenzen ist

auch auf die Verwendung von Antibiotika in der landwirtschaftlichen Tierzucht zurückzuführen. Antibiotika werden hier nicht nur bei Infektionen eingesetzt, sondern auch vorbeugend und als Wachstumsförderer genutzt. Zwar hat die Europäische Kommission inzwischen eingegriffen und strengere Vorgaben gemacht. Doch immer wieder tauchen Studien auf, die Missstände aufzeigen, so deckte beispielsweise kürzlich eine Studie aus Nordrhein-Westfalen einen übermäßigen Einsatz von Antibiotika in der Hähnchenmast auf. Die deutschen Bundesländer engagieren sich für einen bundesweiten Aktionsplan gegen Antibiotika in der Tierhaltung. Sie wollen erreichen, dass Antibiotika in der Tierhaltung nur noch in therapeutisch notwendigen Einzelfällen eingesetzt werden dürfen, dass die Anwendungsdauer und Dosierung verschärft wird. Der Einsatz von Antibiotika in der Tierhaltung dürfe nicht länger die Regel sein, sondern müsse zur Ausnahme werden. (19), (20), (21)

Zahlen & Fakten

Mindestens 1,5 Milliarden Euro im Jahr kosten in der europäischen Union (EU) die Behandlungen von Patienten, die mit antibiotikaresistenten Bakterien infiziert sind, die Gesundheitssysteme der Länder. (6),

(22)

4 Millionen Patienten in der EU werden Schätzungen zufolge jährlich Opfer einer Krankenhaus-assoziierten Infektion. (22)

25 000 Menschen in der EU infizieren sich konservativen Schätzungen zufolge jährlich mit mehrfachresistenten pathogenen Bakterien. (6), (22)

250 bis 300 Tonnen Antibiotika pro Jahr werden in Deutschland in der Humanmedizin verbraucht. (5)

Der Anteil besonders widerstandsfähiger Kolibakterien verzehnfachte sich innerhalb von acht Jahren. (3)

Zu den häufigsten Erregern nosokomialer Infektionen der unteren Atemwege auf Intensivstationen gehören Staphylococcus aureus (21,3 pro 100 Infektionen), gramnegative Erreger, wie Pseudomonas aeruginosa (18,1 Prozent), Klebsiella spp. (12,6 Prozent), Escherichia coli (11,7 Prozent) und Enterobacter spp. (8,6 Prozent). Europaweit ist ein Anstieg von Carbapenem-resistenten gramnegativen Erregern zu beobachten. (13)

Weiterführende Literatur

(1) RKI: 127 Keime klassifiziert. Robert Koch-Institut, RKI hat 127 Keime klassifiziert
aus das Krankenhaus Heft 1/2012 S. 64

(2) Warum sich resistente Tuberkulosebakterien verbreiten
aus das Krankenhaus Heft 1/2012 S. 64

(3) Kliniken fehlen Medikamente gegen Problemkeime
aus Management & Krankenhaus vom 13.12.2011, Heft 12/2011, Seite 20

(4) Das Schwert wird immer stumpfer
aus Ärzte Zeitung Nr. 208 vom 18.11.2011, Seite 1

(5) Wunderwaffen werden stumpf
aus PZ Pharmazeutische Zeitung vom 24.11.2011 Seite 22

(6) Internationale Initiative gegen Antibiotika-Resistenz gefordert
aus Deutsches Ärzteblatt 44/108 vom 04.11.11 Seite 2312

(7) Pharmainnovationen
aus CHEManager 01-02/2012

(8) Vorschau auf neue Medikamente
aus PZ Pharmazeutische Zeitung vom 05.01.2012 Seite 18

(9) Ausweg aus der Resistenzfalle

aus PZ Pharmazeutische Zeitung vom 24.11.2011 Seite 50

(10) Neuartige Wirkstoffe durch Bakterien. Synthetische Biologie findet neuen Weg zur Herstellung von Lantibiotika
aus PZ Pharmazeutische Zeitung vom 24.11.2011 Seite 50

(11) Atemwegsinfekte brauchen selten Antibiotika
aus Ärzte Zeitung Nr. 198 vom 04.11.2011, Seite 11

(12) Aufbruch zu neuen Antibiotika
aus CHEManager 01-02/2012

(13) Prävention der Ausbreitung von multiresistenten gramnegativen Erregern: Vorschläge eines Experten-Workshops der Deutschen Gesellschaft für Hygiene und Mikrobiologie
aus Deutsches Ärzteblatt 3/109 vom 20.01.12 Seite M39

(14) Das einfache Rezept der Holländer gegen MRSA: Tun, was man weiß
aus Ärzte Zeitung Nr. 232 vom 22.12.2011, Seite 18

(15) Die Erkennung von multiresistenten Bakterien
aus GIT Labor-Fachzeitschrift vom 19.12.2011, Heft 12/2011, Seite 862

(16) Niedersachsen erhalten oft Antibiotika
aus Ärzte Zeitung Nr. 6 vom 17.01.2012, Seite 6

(17) Bremer Senatorin legt Plan gegen Klinikkeime vor
aus Ärzte Zeitung Nr. 230 vom 20.12.2011, Seite 8

(18) KV und Kassen entwickeln Antibiotika-Patienteninfo
aus Ärzte Zeitung Nr. 229 vom 19.12.2011, Seite 6

(19) Zu viel Antibiotika im Stall
aus agrarzeitung 04 vom 27.01.2012 Seite 004

(20) Antibiotika: Länder wollen Aktionsplan
aus www.lebensmittelzeitung.net vom 20.01.2012

(21) Streithähnchen
aus www.lebensmittelzeitung.net vom 20.01.2012

(22) Mitteilung der Kommission an das Europäische Parlament und den Rat: Aktionsplan zur Abwehr der steigenden Gefahr der Antibiotikaresistenz
aus Polit-X vom 21.11.2011

(23) Berlin, Freitag, den 10. Februar 2012
aus Polit-X vom 16.02.2012

Impressum

Antibiotika - Resistenzen nehmen zu, Kliniken warten auf Erfolg der Pharmaforscher

Bibliografische Information der deutschen Nationalbibliothek

Die Deutsche Nationalbibliothek verzeichnet diese Publikation in der deutschen Nationalbibliografie; detaillierte bibliografische Daten sind im Internet über http://dnb.d-nb.de abrufbar.

ISBN: 978-3-7379-2772-7

© 2015 GBI-Genios Deutsche Wirtschaftsdatenbank GmbH, Freischützstraße 96, 81927 München, www.genios.de

Alle Rechte vorbehalten. Dieses Werk ist einschließlich aller seiner Teile – z.B. Texte, Tabellen und Grafiken - urheberrechtlich geschützt. Jede Verwertung außerhalb der Grenzen des Urheberrechtsgesetzes bedarf der vorherigen Zustimmung des Verlags. Dies gilt insbesondere auch für auszugsweise Nachdrucke, fotomechanische

Vervielfältigungen (Fotokopie/Mikroskopie), Übersetzungen, Auswertungen durch Datenbanken oder ähnliche Einrichtungen und die Einspeicherung und Verarbeitung in elektronischen Systemen.